Edition Akzente
Herausgegeben von
Michael Krüger

Tomas Tranströmer

Die Erinnerungen sehen mich

Aus dem Schwedischen
von Hanns Grössel

Carl Hanser Verlag

1. Auflage 2022

ISBN 978-3-446-27574-4

Vilshofener Straße 10 | 81679 München | info@hanser.de

Umschlag: Peter-Andreas Hassiepen, München

Satz: Filmsatz Schröter GmbH, München

Printed in Germany

Inhalt

Erinnerungen

»Mein Leben«. Wenn ich diese Worte denke, sehe ich einen Lichtstreifen vor mir. Bei näherer Betrachtung hat der Lichtstreifen die Form eines Kometen, mit Kopf und Schweif. Das lichtstärkste Ende, der Kopf, sind die Kindheit und das Heranwachsen. Der Kern, sein dichtester Teil, ist die sehr frühe Kindheit, wo die wichtigsten Züge in unserem Leben festgelegt werden. Ich versuche, mich zu erinnern, versuche, dahin vorzudringen. Aber es ist schwer, sich in diesen verdichteten Bezirken zu bewegen, es ist gefährlich, ein Gefühl, als käme ich dem Tode nahe. Weiter hinten verdünnt sich der Komet – das ist der längere Teil, der Schweif. Er wird immer spärlicher, aber auch breiter. Ich bin jetzt weit im Kometenschweif drinnen, ich bin sechzig Jahre alt, da ich dies schreibe.

Die frühesten Erlebnisse sind größtenteils unerreichbar. Nacherzählungen, Erinnerungen an Erinnerungen, Rekonstruktionen auf der Grundlage plötzlich auflodernder Stimmungen.

Meine früheste datierbare Erinnerung ist ein Gefühl. Ein Gefühl von Stolz. Ich bin gerade drei Jahre alt geworden, und man hat mir gesagt, es sei sehr bedeutsam, daß ich jetzt groß geworden sei. Ich liege zu Bett in einem hellen Zimmer und klettere dann auf den Fußboden hinunter, mir unerhört dessen bewußt, daß ich dabei bin, erwachsen zu werden. Ich habe eine Puppe, der habe ich den schönsten Namen gegeben, den ich mir ausdenken konnte: KARIN SPINNA. Ich behandle sie nicht mütterlich. Eher ist sie ein Kumpan oder ein Schwarm.

Wir wohnen in Stockholm, im Stadtteil Söder; die Anschrift lautet: Swedenborgsgatan 33 (heute Grindsgatan). Papa ist noch bei der Familie, wird sie aber bald verlassen. Der Umgangston ist recht »modern« – von Anfang an sage ich zu meinen Eltern du. Die Großeltern mütterlicherseits sind in der Nähe: sie wohnen um die Ecke, in der Blekingegata.

Großvater, Carl Helmer Westerberg, wurde 1860 geboren. Er war Lotse und mein sehr enger Freund, 71 Jahre älter als ich. Seltsamerweise hatte er dasselbe Altersverhältnis zu seinem eigenen Großvater mütterlicherseits, der somit 1789 geboren war: die Bastille wurde erstürmt, der Anjala-Aufstand, Mozart schrieb das Klarinettenquintett. Zwei gleich große Schritte nach hinten, zwei lange Schritte, dennoch so lang nicht. Man kann die Geschichte anfassen.

Großvater sprach die Sprache des 19. Jahrhunderts. Viele Wendungen würden sich heute auffallend altertümlich ausnehmen. In seinem Munde und für mich klangen sie ganz natürlich. Er war ein ziemlich untersetzter

Mann, mit weißem Schnurrbart und einer kräftigen, leicht gebogenen Nase – »wie bei einem Türken«, sagte er selber. An Temperament fehlte es ihm nicht, und er konnte aufbrausen. Ein solcher Ausbruch wurde nie richtig ernst genommen und ging sogleich vorüber. An ausdauernder Aggressivität fehlte es ihm gänzlich. In Wirklichkeit war er so versöhnlich, daß er Gefahr lief, als lasch zu gelten. Auch mit nicht anwesenden Personen, die in einem gewöhnlichen Gespräch angeschwärzt wurden, wollte er sich gutstellen. »Aber Papa muß doch wohl zugeben, daß X ein Schuft ist!« – »Hör mal, davon weiß ich nichts.«

Nach der Scheidung zogen Mama und ich in die Folkungagata 57; das war ein Haus für die untere Mittelklasse. Dort wohnte eine bunte Ansammlung von Menschen dicht beieinander. Die Erinnerungen an das Haus gliedern sich ungefähr wie in einem Film aus den dreißiger oder den vierziger Jahren, mit einer Personengalerie, die da hineinpassen würde. Die liebenswerte Portiersfrau, der wortkarge starke Portier, den ich unter anderem deshalb bewunderte, weil er generatorengasvergiftet war – das deutete auf eine heldenhafte Nähe zu gefährlichen Maschinen.

Ein spärlicher Verkehr von Unbefugten lief ab. Es kam vor, daß Trunkenbolde sich im Treppenhaus erholten.

Ein paarmal in der Woche klingelten Bettler an der Tür. Sie standen murmelnd im Flur. Mama strich Butterbrote für sie – sie gab Brotscheiben statt Geld.
Wir wohnten im fünften Stock. Ganz oben also. Außer der Bodentür gab es vier Türen. Auf einer davon stand der Name Örke, ein Pressefotograf. Irgendwie war es ein tolles Gefühl, neben einem Pressefotografen zu wohnen.
Unser nächster Nachbar, derjenige, den man durch die Wand hören konnte, war ein Junggeselle höheren mittleren Alters mit bleichgelber Hautfarbe. Er übte seinen Beruf zu Hause aus, machte irgendwelche Maklergeschäfte über Telefon. Während der Telefongespräche gab er oft mitreißende Lachsalven von sich, die durch die Wand zu uns drangen. Ein anderes ständig wiederkehrendes Geräusch war das Knallen von Korken. Die Bierflaschen hatten damals keine Kapselverschlüsse. Diese dionysischen Geräusche, die Lachsalven und das Korkenknallen, wollten nicht zu dem bleichen Gesellen passen, den ich bisweilen im Aufzug traf. Mit den Jahren wurde er mißtrauisch, und die Lacher wurden seltener.
Einmal kam es zu Gewalttätigkeiten. Ich war noch klein. Ein Nachbar war von seiner Frau ausgeschlossen worden, er war betrunken und tobte, und sie hatte sich ver-

barrikadiert. Er versuchte, die Tür einzuschlagen, und stieß Drohungen aus. Erinnern kann ich mich, daß er folgenden sonderbaren Satz schrie:

»Es ist mir scheißegal, ob ich auf den Kungsholm komme!«

»Was meint er mit dem Kungsholm?« fragte ich Mama.

Sie erklärte, auf dem Kungsholm liege die Polizeiwache. Der Stadtteil bekam etwas Heimtückisches. (Das wurde noch verstärkt, als ich das Sankt-Eriks-Krankenhaus besuchte und die Kriegsversehrten aus Finnland sah, die dort im Winter 1939/40 gepflegt wurden.)

Frühmorgens ging Mama zur Arbeit. Sie fuhr nicht, sondern ging. Während ihres ganzen Erwachsenenlebens lief sie zwischen den Stadtteilen Söder und Östermalm zu Fuß hin und her – sie arbeitete an der Hedvig-Eleonora-Volksschule und betreute Jahr für Jahr die dritte und die vierte Klasse. Sie war eine ergebene Lehrerin und Kindern sehr zugetan. Man hätte glauben sollen, daß es schwer für sie würde, sich pensionieren zu lassen. Aber so kam es durchaus nicht, sie empfand große Erleichterung.

Mama war berufstätig, und deshalb hatten wir eine Haushaltshilfe oder »Jungfer«, wie das damals hieß, obschon es wohl Kindermädchen heißen müßte. Sie nächtigte in einem winzigen Zimmer, das mit der Küche zusammenhing und nicht zu der Zwei-Zimmer-mit-Küche-Wohnung zählte, wie die offizielle Bezeichnung unserer Wohnung lautete.

Als ich im Alter von fünf, sechs Jahren war, hieß die Haushaltshilfe Anna-Lisa und stammte aus Eslöv. Ich fand sie sehr anziehend: krauses helles Haar, Stupsnase, ein sanfter schonischer Dialekt. Sie war ein wonniger Mensch, und noch immer empfinde ich etwas Besonderes, wenn ich am Bahnhof von Eslöv vorbeifahre. Ich bin an dieser magischen Stätte aber niemals ausgestiegen.

Zu ihren Talenten gehörte, daß sie sehr gut zeichnete. Sie war Spezialistin für die Figuren von Walt Disney. Selber zeichnete ich fast ununterbrochen während dieser Jahre, Ende der Dreißiger. Großvater brachte Rollen weißen Packpapiers mit nach Hause, wie es damals in allen Lebensmittelgeschäften benutzt wurde, und ich füllte die Bogen mit gezeichneten Geschichten. Zwar hatte ich im Alter von fünf Jahren schreiben gelernt, aber das ging zu langsam. Die Phantasie verlangte schnellere Ausdrucksmittel. Außerdem hatte ich keine Geduld, ordentlich zu zeichnen. Ich entwickelte so etwas wie eine Figuren-Stenografie mit Körpern in heftiger Bewegung und halsbrecherischer Dynamik, aber ohne Einzelheiten. Es waren Zeichenserien, die nur von mir selbst konsumiert wurden.

Irgendwann Mitte der dreißiger Jahre verschwand ich mitten in Stockholm. Mama und ich waren bei einem Schulkonzert gewesen. Im Gedränge am Ausgang des Konzertgebäudes löste sich mein Griff aus Mamas Hand. Unrettbar wurde ich vom Menschenstrom fortgetragen, und da ich so klein war, konnte man mich nicht entdecken. Auf dem Hötorg-Platz wurde es dunkel. Da stand ich, aller Geborgenheit beraubt. Um mich herum waren Menschen, doch die hatten *ihre* Ziele im Kopf. Es gab nichts, an das ich mich hätte halten können. Das war mein erstes Erleben des Todes.

Nach einer Stunde der Panik fing ich an zu denken. Es müßte möglich sein, nach Hause zu gehen. Das war durchaus möglich. Hingekommen waren wir mit dem Bus. Wie gewöhnlich hatte ich auf dem Sitz gekniet und zum Busfenster hinausgeguckt. Die Drottninggata war vorbeigezogen. Jetzt galt es nur, denselben Weg zurückzugehen, Bushaltestelle um Bushaltestelle.

Ich ging in die richtige Richtung. Von dem langen Fußweg erinnere ich mich deutlich nur an einen Abschnitt. Daß ich nämlich zur Nordbrücke kam und das Wasser sah. Der Verkehr war hier dicht, und ich wagte nicht, die Straße zu überqueren. Ich wandte mich an einen Mann, der neben mir stand, und sagte: »Hier ist viel Verkehr.« Er nahm mich an der Hand und führte mich hinüber.

Danach aber ließ er mich stehen. Ich weiß nicht, warum er und alle anderen unbekannten Erwachsenen es ganz in Ordnung fanden, daß ein kleiner Junge an einem dunklen Abend allein durch Stockholm wanderte. Doch so war es. Der restliche Fußweg – durch die Altstadt, an Slussen vorbei und durch den Stadtteil Söder – muß kompliziert gewesen sein. Vielleicht ging ich dem Ziel nach demselben geheimnisvollen Kompaß entgegen, den Hunde und Brieftauben bei sich führen – die finden ja immer nach Hause, ganz gleich, wo man sie läßt. An diesen Teil habe ich keine Erinnerung. Doch: diejenige, daß mein Selbstvertrauen die ganze Zeit wuchs, und als ich nach Hause kam, befand ich mich in einem Rauschzustand. Großvater nahm mich in Empfang. Meine zerknirschte Mama saß bei der Polizei und verfolgte die Nachforschungen. Großvaters gute Nerven versagten nicht, er nahm mich ganz selbstverständlich in Empfang. Begreiflicherweise war er froh, aber er dramatisierte nicht. Alles war Geborgenheit und Natürlichkeit.

Museen

WÄHREND DER KINDHEIT zog es mich in Museen. Erst war es das Naturhistorische Reichsmuseum in der Villa Frescati außerhalb von Stockholm. Was für ein Gebäude! Gigantisch, babylonisch, unerschöpflich! Im Souterrain Saal um Saal, wo es von ausgestopften Säugetieren und Vögeln im Staub wimmelte. Außerdem die knochenstinkenden Gewölbe, wo unter der Decke die Wale hingen. Und im nächsten Stockwerk: die Versteinerten, die Wirbellosen ...

Das Reichsmuseum besuchte ich an jemandes Hand. Ich war etwa fünf Jahre alt. Am Eingang stand man vor zwei Elefantenskeletten. Das waren die beiden Hüter am Tor zum Wunderbaren. Sie machten auf mich einen überwältigenden Eindruck, und ich zeichnete sie auf einen große Zeichenblock ab.

Nach einiger Zeit hörten die Besuche im Reichsmuseum auf. Ich war in eine Phase gekommen, wo ich unerhörte Angst vor Skeletten hatte. Am gefährlichsten war das Gerippe, das sich im Anschluß an den Artikel MENSCH im »Nordischen Familienbuch« abgebildet fand. Aber die Angst erstreckte sich auf Skelette ganz allgemein, also auch auf die Skelette im Museum. Ich bekam sogar Angst vor meiner eigenen Zeichnung von ihnen und wagte nicht, den Block aufzuschlagen.

Ich wandte nun mein Interesse dem Eisenbahnmuseum

zu. Jetzt breitet es sich am Stadtrand von Gävle aus, aber damals lag das ganze Museum eingeklemmt in einem Winkel des Stadtviertels Klara. Ein paarmal in der Woche wanderten ich und mein Großvater mütterlicherseits von den Höhen in Söder hinab und besuchten das Museum. Großvater muß ebenfalls von den Zugmodellen angetan gewesen sein, sonst hätte er schwerlich durchgehalten. Ein voller Tag wurde es, wenn wir zum Schluß im nahe gelegenen Stockholmer Hauptbahnhof ankamen, wo die Züge in natürlicher Größe hereindampften.

Dem Personal fiel der fanatische Eifer des Knaben auf, und bei einer Gelegenheit wurde ich in das Museumsbüro geholt und durfte meinen Namen (mit umgedrehtem S) in ein Gästebuch schreiben. Ich wollte Eisenbahningenieur werden. Doch mehr als die modernen Elektroloks interessierten mich Dampflokomotiven. Mit anderen Worten: ich war mehr Romantiker als Techniker.

Etwas später, schon im Schulalter, kehrte ich zum Reichsmuseum zurück. Ich war jetzt Amateurzoologe, seriös, altklug. Ich saß über die Bücher mit Insekten und Fischen gebeugt.

Ich hatte selber zu sammeln begonnen. Meine Sammlungen fanden zu Hause in einem Schrank Platz. Aber in meinem Schädel wuchs ein riesiges Museum heran, und zwischen diesem Phantasiemuseum und dem sehr realen bei Frescati entstand ein Zusammenspiel.

Ungefähr jeden zweiten Sonntag fuhr ich zum Reichsmuseum hinaus. Ich nahm die Straßenbahn bis Roslagstull und ging die letzten Kilometer zu Fuß. Der Weg war immer etwas länger, als ich mir vorgestellt hatte. Ich erinnere mich sehr gut an diese Wanderungen, immer blies es, die Nase triefte, die Augen tränten. An die Spaziergänge in der Gegenrichtung erinnere ich mich nicht; es ist, als wäre ich nie nach Hause, nur immer hingegangen, eine triefnasige, tränenäugige, erwartungsvolle Wanderung zu dem babylonischen Riesengebäude.

Glücklich angekommen, wurde ich von den Elefantenskeletten begrüßt. Später ging ich oft direkt in die »alte« Abteilung, mit Tieren, die schon im 18. Jahrhundert ausgestopft worden waren, teilweise ganz unbeholfen präpariert, mit geschwollenen Köpfen. Dennoch herrschte dort eine besondere Magie. Große künstliche Landschaften mit elegant modellierten aufgestellten Tiernachbildungen dagegen fesselten mich nicht – das war Illusionsmache, etwas für Kinder. Nein, es sollte ganz deutlich sein, daß es sich nicht um lebende Tiere handelte. Sie waren ausgestopft, sie standen im Dienste der Wissenschaft. Die Wissenschaft, der ich nahestand, war die linnésche: entdecken, sammeln, bestimmen.

Das Museum wurde durchstreift. Langer Aufenthalt bei den Walen und in der paläontologischen Abteilung. Und danach die Abteilung, in der ich mich am häufigsten aufhielt: die Abteilung der Wirbellosen.
Ich hatte nie Kontakt zu anderen Besuchern. Eigentlich erinnere ich mich nicht, daß es andere Besucher überhaupt gab. Andere Museen, die ich mehr zufällig besuchte – das Schiffahrts-, das Ethnographische, das Technische Museum –, waren immer voller Leute. Aber das Reichsmuseum schien einzig für mich geöffnet zu sein. Eines Tages geriet ich an einen Mitmenschen. Nein, kein Besucher; er war Professor oder dergleichen, arbeitete im Museum. Wir begegneten einander in der Evertebraten-Abteilung, er materialisierte sich plötzlich zwischen den Schaukästen, an Wuchs fast ebenso klein wie ich. Halb sprach er zu sich selbst. Sogleich verwickelten wir uns in ein Gespräch über Weichtiere. Er war so zerstreut oder vorurteilslos, daß er mich wie einen Erwachsenen behandelte. Einer jener Schutzengel, die ab und zu während meiner Kindheit auftauchten und mich mit ihren Flügeln streiften. Die Unterhaltung führte dazu, daß ich eine Abteilung betreten durfte, die nicht für die Allgemeinheit gedacht war. Ich bekam eine Menge guter Ratschläge für das Präparieren von Kleintieren und wurde mit Glasröhrchen versorgt, die zu

einer wirklich professionellen Ausrüstung zu gehören schienen.

Insekten, vor allem Käfer, sammelte ich, als ich elf Jahre alt geworden war und ungefähr bis zum Ende meines fünfzehnten Lebensjahres. Dann machten sich andere, konkurrierende Interessen geltend, meist künstlerische. Was für ein wehmütiges Gefühl, daß die Entomologie ihnen weichen mußte! Ich redete mir ein, das sei nur vorübergehend. In fünfzig Jahren etwa würde ich das Sammeln wieder aufnehmen.

Die Tätigkeit fing im Frühling an, blühte natürlich aber am stärksten im Sommer, auf der Insel Runmarö. Im Sommerhaus, wo wir uns auf sehr wenigen Quadratmetern bewegten, standen Glasbüchsen mit abgetötetem Getier und ein Spannbrett für Schmetterlinge. Und über allem schwebte ein Gestank nach Essig-Äther, der außerdem um meine Person stand, da ich stets ein Gefäß mit dem insektentötenden Mittel in der Tasche trug. Zweifellos wäre es effizienter gewesen, Zyankali zu benutzen, wie das Handbuch empfahl. Zum Glück war dieses Mittel mir nicht zugänglich, und ich brauchte meinen Mannesmut nie auf die Probe zu stellen, dazu ja oder nein zu sagen.

An der Insektenjagd beteiligten sich viele. Die Kinder in der Nähe lernten Alarm schlagen, wenn sie ein Tier sa-

hen, das interessant sein konnte. »Ein Tie-ie-ier!!« hallten die Schreie durchs Dorf, und ich kam mit dem Kescher angestürzt.
Ständig war ich auf Exkursionen unterwegs. Ein Leben in frischer Luft ohne den geringsten Gesundheitsaspekt. Ästhetische Gesichtspunkte wandte ich auf meine Fänge natürlich nicht an – es war ja Wissenschaft –, aber ich nahm viele Erlebnisse von Schönheit in mich auf, ohne davon zu wissen. Ich bewegte mich in dem großen Mysterium. Ich lernte, daß der Erdboden lebt, daß es eine unendlich große kriechende und fliegende Welt gibt, die ihr eigenes reiches Leben lebt, ohne sich im geringsten um uns zu kümmern.
Den Bruchteil eines Bruchteils dieser Welt fing ich ein und nagelte ihn fest in meine Kästen, die ich noch immer habe. Ein verstecktes Minimuseum, dessen ich mir selten bewußt bin. Aber es sitzt da, das Getier. Als warte es auf seine Zeit.

Volksschule

Ich fing in der Volksschule Katarina Norra an und bekam als Lehrerin Fräulein R., eine unverheiratete adrette Dame, die jeden Tag anders angezogen war. In der letzten Stunde am Samstag erhielt jedes Kind ein Sahnebonbon, sonst aber war sie oft streng; oft setzte es Kopfnüsse und Schläge, doch niemals für mich, der ich Sohn einer Lehrerin war.

Meine Hauptaufgabe im ersten Halbjahr war, still in der Bank zu sitzen. Schreiben und rechnen konnte ich schon. Ich durfte in buntem Papier schneiden; aber was ich ausschnitt, weiß ich nicht mehr.

Ich glaube, daß die Stimmung während des ersten Schuljahrs leidlich war, daß sie sich aber allmählich verschlechterte. Die Lehrerin büßte ihre gute Laune ein, sobald die Ordnung gestört wurde, sobald es einen Zwischenfall gab. Man durfte nicht unruhig oder laut sein. Auch nicht weinerlich. Man durfte keine unerwarteten Schwierigkeiten mit dem Lernen haben. Überhaupt durfte man nichts Unerwartetes tun. Ein kleines Mädchen, das sich vor Scham und Schrecken naß machte, durfte keine Nachsicht erwarten.

Wie erwähnt, war ich vor Handgreiflichkeiten geschützt, weil ich Sohn einer Lehrerin war. Aber die gedrückte Stimmung um alle Vorwürfe und Drohungen spürte ich. Im Hintergrund gab es den Oberlehrer, einen habichtnasigen gefährlichen Kerl. Am allerernstesten war es, in die Erziehungsanstalt zu kommen, wovon bei besonderen Vorkommnissen die Rede war. Als persönliche Drohung empfand ich das nicht, aber die Sache an sich bereitete mir Unbehagen.

Was eine Erziehungsanstalt ist, konnte ich mir leicht vorstellen, zumal als ich den Namen für eine solche Einrichtung gehört hatte: »Skrubba« (Schrubbe), was an Reibeisen und Hobel gemahnte. Daß gegen die Insassen täglich Folter angewandt wurde, hielt ich für selbstverständlich. Zu dem Weltbild, das ich mir geschaffen hatte, gehörte also die Vorstellung, es gebe besondere Anstalten, wo Erwachsene Kinder – vielleicht zu Tode – folterten, weil sie krakeelig gewesen waren. Das war schlimm, aber so mußte es sein. Wenn man krakeelte, dann ...

Wurde ein Junge aus der Schule in eine Erziehungsanstalt gesteckt und kam nach einem Jahr wieder, betrachtete ich ihn als von den Toten auferstanden.

Eine realistischere Drohung war »Evakuierung«. Während der ersten Kriegsjahre wurde eine Evakuierung aller Schulkinder aus den Großstädten geplant. Mutter schrieb mit Wäschetinte den Namen »Tranströmer« auf unsere Bettücher und anderes. Die Frage war jetzt, ob ich mit Mutter und ihrer Schulklasse oder zusammen mit meiner Klasse von der Katarina Norra evakuiert, also mit

Fräulein R. deportiert werden würde. Ich argwöhnte das zweite.

Um die Evakuierung kam ich herum. Das Leben in der Schule ging weiter. Von der ersten Stunde an sehnte ich das Ende des Schultages herbei, damit ich mich auf das stürzen konnte, was mich wirklich interessierte: Afrika, die Unterwasserwelt, das Mittelalter und anderes. Das einzige, was mich in der Schule fesselte, waren die Schautafeln. Ich war ein Schautafelliebhaber. Das größte Glück war es, mit der Lehrerin zu dem Vorrat zu gehen und eine abgewetzte Papptafel hervorzuholen. Man konnte dann auch auf die anderen Schautafeln, die dort hingen, einen Blick werfen. Selber fertigte ich zu Hause nach bestem Vermögen welche an.

Ein wichtiger Unterschied zwischen meinem Leben und dem der Klassenkameraden war, daß ich keinen Vater aufzuweisen hatte. Die Mehrzahl kam aus Arbeiterfamilien, wo Ehescheidung offenbar etwas sehr Seltenes war. Ich wollte nie wahrhaben, daß es mit meiner Familiensituation eine besondere Bewandtnis hatte, auch vor mir selbst nicht. Nein, ich hatte doch einen Vater, auch wenn ich ihn nur einmal im Jahr sah (für gewöhnlich Heiligabend); ich wußte über ihn Bescheid – einmal während des Krieges war er zum Beispiel auf einem Torpedoboot, und von dort schrieb er mir einen lustigen Brief und so weiter. Diesen Brief hätte ich gerne vorgezeigt, aber es ergab sich nicht zwanglos.

Ich erinnere mich an einen Augenblick von Panik. Ich war der Schule einige Tage ferngeblieben, und bei der Rückkehr erzählte ein Mitschüler, die Lehrerin – nicht Fräulein R., sondern eine Stellvertreterin – habe der Klasse gesagt, man dürfe mich nicht damit necken, daß ich keinen Vater hätte. Mit anderen Worten: ich war zu bedauern. Mich überkam Panik, als ich das hörte, ich war anscheinend unnormal. Feuerrot im Gesicht, versuchte ich, mich herauszureden.

Die Gefahr, als Außenseiter betrachtet zu werden, empfand ich sehr stark, weil ich zuinnerst argwöhnte, ich sei es. Ich war von Interessen beherrscht, die ein normaler Junge nicht haben durfte. Ich nahm freiwillig Zeichenunterricht und zeichnete Unterwasserszenen: Fische, Seeigel, Krebse, Schnecken. Die Lehrerin ließ verlauten, ich fertigte sehr »spezielle« Zeichnungen an, und da kam wieder die Panik. Es gab eine Sorte wenig einfühlsamer Erwachsener, die mich ständig als Abweichler herausstellen mußte. Die Mitschüler waren eigentlich toleranter. Ich war weder beliebt noch verhaßt.

Hasse, ein großer dunkler Junge, der fünfmal so stark war wie ich, pflegte mich während des ersten Schuljahrs in jeder Pause niederzuringen. Anfangs leistete ich heftigen Widerstand, aber das nützte gar nichts, er streckte mich jedesmal triumphierend zu Boden. Schließlich ersann ich eine Methode, wie ich ihm den Spaß verderben konnte: totale Entspannung. Wenn er sich näherte, tat ich so, als wäre das, was ich selber war, weggeflogen und hätte nur eine Leiche zurückgelassen, einen leblosen Fetzen, den er nach Belieben niedertreten durfte. Das bekam er über.

Ich denke darüber nach, was die Methode, sich selbst in einen leblosen Fetzen zu verwandeln, später im Leben für mich bedeutet haben mag. Die Kunst, bei erhaltenem Selbstgefühl überfahren zu werden. Habe ich nicht allzuoft darauf zurückgegriffen? Manchmal funktioniert sie, manchmal nicht.

Der Krieg

Es war im Frühjahr 1940. Ich war ein magerer, schmächtiger Neunjähriger, der über die Kriegskarte in der Zeitung gebeugt saß: darauf war mit schwarzen Pfeilen die Offensive der deutschen Panzerdivisionen eingezeichnet. Die Pfeile drangen nach Frankreich hinein und lebten auch als Schmarotzer in unseren Körpern, den Körpern von Hitlers Feinden. Ich rechnete mich wirklich dazu. Nie bin ich so mit ganzem Herzen in die Politik engagiert gewesen!

Vom politischen Engagement eines Neunjährigen zu sprechen mutet unleugbar lächerlich an, aber es ging nicht um Politik im eigentlichen Sinne. Die Sache war nur die, daß ich am Krieg teilnahm. Von gesellschaftlichen Fragen, von Gesellschaftsklassen, Gewerkschaften, Volkswirtschaft, Ressourcenverteilung, Sozialismus contra Kapitalismus und so weiter hatte ich keinerlei Vorstellungen. »Kommunist« war die Bezeichnung für eine Person, die für Rußland eintrat; die »Rechte« war leicht anrüchig, weil Teile dieser Partei zu Deutschland neigten. Darüber hinaus begriff ich, daß man für die Rechte stimmte, wenn man reich war. Was aber war mit Reichsein eigentlich gemeint? Gelegentlich waren wir Mittagsgäste bei einer Familie, die als reich galt. Sie wohnte in Äppelviken, der Hausherr war Großhändler. Eine reiche Villa, Dienstpersonal in Schwarz und Weiß. Mir fiel auf, daß der Sohn der Familie – der mir gleichaltrig war – ein phantastisch großes Spielzeugauto hatte, ein Feuerwehrauto, sehr begehrenswert. Wie kam man an so eines heran? Einen Augenblick dämmerte mir die Einsicht, daß die Familie einer anderen Gesellschaftsklasse angehörte, einer, in der man sich ungewöhnlich große Spielzeugautos leisten konnte. Das bleibt eine losgelöste und nicht sonderlich wichtige Erinnerung.

Eine andere Erinnerung: bei einem Besuch im Hause eines Klassenkameraden wunderte ich mich darüber, daß man kein Spülklosett hatte, sondern ein Plumpsklo im Hof – wie wir es auf dem Lande hatten. Man mußte in einen ausgedienten Kochtopf pinkeln, den die Mutter in den Küchenausguß leerte. Das war ein pittoreskes Detail. Sonst dachte ich gar nicht daran, daß der Familie dies und jenes abging. Und die Villa in Äppelviken kam mir nicht bemerkenswert vor. Ich war sehr weit von der Fähigkeit entfernt, die viele anscheinend schon früh im Leben besitzen – mit einem einzigen Blick die Klassenzugehörigkeit und die wirtschaftliche Lage der Umgebung zu erfassen. Viele Kinder scheinen das zu können, ich konnte es nicht.

Meine »politischen« Instinkte stellten sich ganz auf den Krieg und den Nationalsozialismus ein. Ich glaubte, man sei entweder Nazi oder Antinazi. Die in Schweden verbreitete Lauheit, der abwartende Opportunismus war meine Sache nicht. Ich verstand sie entweder als unausgesprochene Unterstützung der Alliierten oder als verkappten Nationalsozialismus. Wenn mir klar wurde, daß ein Mensch, den ich mochte, eigentlich »deutschfreundlich« war, verspürte ich sogleich einen schrecklichen Druck auf der Brust. Alles war verdorben. Niemals könnte zwischen uns eine Gemeinschaft entstehen.

Von den nächsten Verwandten erwartete ich vorbehaltlosen Beistand. Eines Abends, als wir bei Onkel Elof und Tante Agda waren (Geschwister meiner Mutter), hörte ich, wie mein zurückhaltender Onkel sagte: »Und die Engländer treten erfolgreiche Rückzüge an …« Er sagte es eher mit Bedauern, aber ich merkte, daß in dem Kommentar etwas Ironisches lag (sonst war ihm Ironie für gewöhnlich fremd), und ich spürte sofort den Druck auf der Brust. Die alliierte Darstellung der Ereignisse durfte nie in Frage gestellt werden. Finster starrte ich zur Lampe unter der Decke hoch. In dieser Lampe konnte man Trost finden. Sie war genauso geformt wie die englischen Stahlhelme: wie ein Suppenteller.

Sonntags aßen wir oft zu Mittag bei meiner anderen Onkel- und Tantenfamilie mütterlicherseits, der Familie in Enskede, die meiner Mutter nach ihrer Scheidung als eine Art Hilfsfamilie gedient hatte. Es gehörte dann zum

Ritual, die schwedischsprachigen Radiosendungen der BBC anzustellen. Den Auftakt zu diesem Programm vergesse ich nie. Die V-Signale waren zu hören und danach die Erkennungsmelodie, die als »Trumpet Voluntary« von Purcell ausgegeben wurde (in Wirklichkeit aber ein schwellendes Arrangement eines Cembalo-Stücks von Jeremiah Clarke war). Die ruhige Stimme des Ansagers, mit einem leichten Akzent, sprach unmittelbar zu mir aus einer Welt freundlicher Helden, die weiterhin die Geschäfte abwickelten, obwohl es Bomben regnete.

Wenn wir im Vorortzug nach Enskede saßen, wollte ich immer, daß meine Mutter – die es verabscheute, Aufsehen zu erregen – die Propagandazeitung »Neuigkeiten aus Großbritannien« aufschlage und auf diese Weise schweigend kundtue, wo wir standen. Sie tat fast alles für mich, auch das.

Meinen Vater sah ich während der Kriegsjahre selten. Eines Tages aber tauchte er auf und nahm mich zu einer Gesellschaft mit Journalistenkollegen mit. Die Gläser standen bereit, bei reichlich Zigarettenrauch wurde gelärmt und gelacht. Ich machte die Runde, grüßte und beantwortete Fragen. Eine ausgelassene tolerante Stimmung herrschte, und man konnte tun, was man wollte. Ich zog mich zurück und strich an den Bücherregalen in dem fremden Haus entlang.

Ein neuerschienenes Buch stand da, »Polens Martyrium«. Eine Dokumentation. Ich ließ mich auf den Fußboden nieder und las es praktisch von Anfang bis Ende, während darüber die Stimmen lärmten. Das fürchterliche Buch, das ich nie wiedergesehen habe – enthielt das, was ich gefürchtet, oder vielleicht eher: was ich gehofft hatte. Die Nazis waren so unmenschlich, wie ich mir vorgestellt hatte, nein, sie waren schlimmer! Ich las gebannt, mir wurde übel, und zugleich kam ein Gefühl des Triumphes auf: Ich hatte recht gehabt! Alles stand in dem Buch, es war belegt. Wartet nur! Einmal wird das hier enthüllt, einmal werdet ihr, die ihr gezweifelt habt, die Wahrheit ins Gesicht geworfen bekommen. Wartet nur! Und so geschah es ja auch.

Bibliotheken

Das Mitbürgerhaus *(Medborgarhuset)* wurde um 1940 gebaut. Ein großer viereckiger Klotz mitten im Stadtteil Söder, aber auch ein vielversprechendes helles Gebäude, modern, »funktionell«. Es lag nur fünf Minuten entfernt von dem Haus, in dem wir wohnten.

Das Mitbürgerhaus enthielt unter anderem ein öffentliches Bad und die Stadtbibliothek. Am einen Ende die Kinderabteilung, am andern die Erwachsenenabteilung. Ich gehörte – natürlicher- und notwendigerweise – in die Kinderabteilung, und dort gab es anfangs auch so viele Bücher, daß es für mich reichte. Am wichtigsten war Brehms »Tierleben«.

Fast jeden Tag schaute ich in der Bibliothek vorbei. Doch ganz ohne Schwierigkeiten ging es nicht ab. Manchmal lieh ich Bücher aus, die nach Ansicht der Bibliothekstanten meinem Alter nicht angemessen waren, beispielsweise Knud Holmboes gewaltiger Dokumentarbericht »Die Wüste brennt«.

»Für wen ist das Buch?«

»Für mich ...«

»O nein.«

»Ich ...«

»Du kannst deinem Vater ausrichten, daß er selber herkommen und es ausleihen kann.«

Noch schlimmer war es, wenn ich versuchte, in die Erwachsenenabteilung hineinzukommen. Ich brauchte ein Buch, das es in der Kinderabteilung absolut nicht gab. Am Eingang wurde ich angehalten.

»Wie alt bist du?«

»Elf Jahre.«

»Dann darfst du hier nicht ausleihen. In ein paar Jahren kannst du gerne wiederkommen.«

»Ja, aber es geht um ein Buch, das es nur hier gibt.«

»Welches Buch denn?«

»Die Einwanderungsgeschichte der skandinavischen Tierwelt.«

Von Ekman, fügte ich dumpf hinzu, mit dem Gefühl, das Spiel sei verloren. Ja, richtig, es ging nicht. Ich wurde rot, ich war wütend. Niemals würde ich ihr verzeihen!

Indes griff jetzt mein schweigsamer Onkel Elof ein; er gab mir seine Karte für die Erwachsenenabteilung, und die Fiktion, ich liehe für ihn aus, wurde aufrechterhalten. Jetzt konnte ich in die Erwachsenenabteilung einziehen.

Sie lag Wand an Wand mit dem Badehaus. Am Eingang spürte man die Dämpfe aus den Becken, den Chlorgeruch, der durch die Ventile drang, und in der Ferne hörte man die Stimmen aus dem Bade widerhallen. In Badeeinrichtungen herrscht ja immer eine so wunderbare Akustik. Der Tempel der Gesundheit und die Bücher waren Nachbarn, das war ein beschwingendes Gefühl. Der Filiale im Mitbürgerhaus blieb ich viele Jahre hindurch treu. Ich betrachtete sie als eindeutig überlegen der Hauptbibliothek auf dem Sveaväg – wo die Atmosphäre schwerer war und die Luft stillstand; keine Chlordämpfe, keine widerhallenden Stimmen. Der Geruch nach Büchern war dort anders, er verursachte Kopfschmerzen.

Als ich auf die Bibliothek losgelassen wurde, widmete ich mich meist den Sachbüchern. Die Belletristik überließ ich ihrem Schicksal. Auch Abteilungen wie Volkswirtschaft und Gesellschaftskunde. Geschichte dagegen war interessant. Medizin schreckte mich ab.

Aber Geographie war ein beliebtes Gebiet. Insbesondere hielt ich mich vor dem Regal »Afrika« auf, das umfangreich war. Ich erinnere mich noch an mehrere Titel: »Um den Mount Elgon«, »Vom Hötorg nach Afrika«, »Skizzen aus der Wüste« ... Gerne wüßte ich, ob von den Büchern, die damals das Regal füllten, noch welche da sind.

Ein Mann namens Albert Schweitzer hatte ein Buch mit dem verlockenden Titel »Zwischen Wasser und Urwald« geschrieben. Es enthielt vor allem Gedanken über das Leben. Er, Schweitzer, aber blieb meist auf seiner Missionsstation und *bewegte* sich nicht *weg*, er war kein richtiger Entdeckungsreisender. Wie zum Beispiel Gösta Moberg, der (warum?) Meile um Meile zurücklegte, und das in sehr verlockende und unbekannte Gegenden wie Niger und Tschad, Länder, über die es in der Bibliothek sonst keine Literatur gab. Dort wurden Kenia und »Tanganjika« bevorzugt, alte Schwedensiedlungen. Touristen, die zu Schiff den Nil bis in das Sudd-Gebiet hinunterfuhren und dann umkehrten, die schrieben Bücher. Aber keiner von denen, die in die dürren Teile des Sudan reisten, oder von denen, die ihren Fuß nach Kordofan oder Darfur gesetzt hatten. Die portugiesischen Kolonien Angola und Moçambique, die auf der Karte so groß aussahen, waren auch unbekannte und fehlende Gebiete auf dem Afrikaregal – das machte sie besonders verlockend.

Etliche Bücher las ich im Stehen in der Bibliothek – ich mochte nicht allzu viele Bücher der gleichen Art nach Hause entleihen oder dasselbe Buch mehrmals hintereinander. Ich hatte das Gefühl, ich könnte dann von einem Bibliotheksbeamten kritisiert werden, und das mußte um jeden Preis vermieden werden.

Einen Sommer – welchen, weiß ich nicht mehr – lebte ich in einem nachhaltigen großen Tagtraum von Afrika. Es war auf Runmarö, weit weg von Bibliotheken. Ich schirmte mich ab und versetzte mich in die Phantasievorstellung, daß ich eine Expedition quer durch Zentralafrika leitete. Ich wanderte und wanderte in den Wäldern auf Runmarö, achtete darauf, wie weit ich ungefähr gegangen war, und trug diese Strecke auf eine große Afrikakarte ein, eine Karte von ganz Afrika, die ich gezeichnet hatte. Hatte ich beispielsweise errechnet, daß ich während einer Woche auf Runmarö 120 km gegangen war, so zeichnete ich 120 km auf die Karte ein. Das war nicht viel.

Erst hatte ich vorgehabt, mit der Expedition an der Ostküste anzufangen, ungefähr dort, wo Stanley aufgebrochen war. Aber das wurde eine allzu lange Strecke, ehe ich die interessantesten Gegenden erreichte. Ich entschied mich deshalb anders und stellte mir vor, ich führe im Auto sogar bis Albert Nyansa. Erst dort begann die eigentliche Expedition, zu Fuß. Ich würde dann auf jeden Fall eine begründete Aussicht haben, den größeren Teil des Ituri-Waldes hinter mich zu bringen, bevor der Sommer zu Ende ging.

Es war also eine Expedition im Stil des 19. Jahrhunderts, mit Trägern und so weiter. Indes war mir halbwegs bewußt, daß das jetzt eine veraltete Fortbewegungsart war. Afrika hatte sich verändert. In Britisch-Somaliland wurde Krieg geführt, das erfuhr man aus den Nachrichten. Panzerwagen tauchten auf. Es war in Wirklichkeit ja das erste

Gebiet, auf dem die Alliierten während des Krieges Erfolg hatten – das hielt ich fest, versteht sich –, und Abessinien war das erste Land, das von den Achsenmächten befreit wurde.

Als mein Afrikatraum einige Jahre später wiederkehrte, war er modernisiert und fast realistisch geworden. Ich gedachte, Entomologe zu werden und in Afrika Insekten zu sammeln, statt neuer Wüsten neue Arten zu entdecken.

Gymnasium

NUR EIN PAAR meiner Klassenkameraden aus der Volksschule trieb es ins Gymnasium weiter. Und keiner außer mir bewarb sich an der »Höheren allgemeinen Lehranstalt für Knaben in Södermalm«, kurz Södra Latin genannt.

Über die Aufnahme in die Anstalt entschied eine Prüfung. Von der weiß ich nur noch, daß ich das Wort »särskilt« (besonders) falsch schrieb. Ich schrieb es mit zwei l. Dadurch entstand um dieses Wort eine Störung, die bis weit in die sechziger Jahre hinein anhielt.

Ich erinnere mich deutlich an meinen ersten Schultag auf Södra Latin im Winterhalbjahr 1942. Mein Erinnerungsbild sieht so aus: Ich befinde mich unter lauter unbekannten elfjährigen Jungen. Im Magen kribbelt es vor Nervosität, ich bin unsicher und einsam. Aber einige der anderen scheinen einander gut zu kennen – alle, die von der Vorbereitungsschule »Maria Förberedande« kommen. Vergebens halte ich nach einem Gesicht von der Volksschule Katarina Norra Ausschau. Die Stimmung besteht etwa zur Hälfte aus düsterer Unruhe, zur Hälfte aus Erwartung und Hoffnung.

Alle werden aufgerufen und auf drei Klassen verteilt. Ich soll in die Klasse 1^5b und werde aufgefordert, Dr. Mohlin, meinem Klassenlehrer, zu folgen. Einem der ältesten Lehrer. Sein Fach ist Deutsch. Es ist ein kleiner Mann mit einer Art katzenhafter Autorität. Er bewegt sich schnell und leise, er hat borstiges, widerwillig ergrauendes Haar und Geheimratsecken. Von einem Kenner in der Nähe schnappe ich ein Urteil auf: Målle – so wird er genannt – ist »streng, aber gerecht«. Unheilverkündend.

Von Anfang an stand fest, daß das Gymnasium etwas ganz anderes war als die Volksschule. Södra Latin war durch und durch Maskulinum, die Schule war genauso eingeschlechtig wie ein Mönchskloster oder eine Kaserne. Erst einige Jahre später schmuggelte man ein paar Frauen in den Lehrkörper ein.

Jeden Morgen versammelten sich alle Schüler in der Aula, sangen Kirchenlieder und hörten sich eine Predigt von einem der Religionslehrer an. Danach Abmarsch in das jeweilige Klassenzimmer. Die kollektive Södra Latin-Stimmung findet sich in dem Film »Hets« (Hetze) von Ingmar Bergman verewigt, der um diese Zeit in der Schule gedreht wurde. (Wir, die wir damals auf die Schule gingen, sind in einigen Filmszenen als Statisten dabei.)

Alle waren wir mit einem Schulkatalog versehen, der unter anderem die »Vorschriften der Schulsatzung über Zucht und Ordnung« enthielt:

»Die Schüler finden sich um die angegebene Uhrzeit zum Unterricht ein, reinlich und ordentlich gekleidet sowie versehen mit den nötigen Lehrbüchern; sie achten auf Ordnung und anständiges Auftreten und folgen dem Unterricht mit Aufmerksamkeit. Desgleichen finden sich die Schüler um die angegebene Zeit bei der festgesetzten Morgenandacht ein und wohnen derselben still und aufmerksam bei …

Den Lehrern der Anstalt erweisen die Schüler Achtung und Gehorsam und nehmen deren Anweisungen, Tadel und Bestrafungen folgsam an …«

Södra Latin lag ganz oben im Stadtteil Söder, der Schulhof bildete ein Plateau hoch über den meisten Dächern. Die Ziegelsteine des Schulgebäudes waren aus weiter Entfernung zu erkennen. Den Weg zu dieser Seufzerburg legte ich für gewöhnlich im Laufschritt zurück. Ich ging an den langen hohen Holzstößen der Krisenjahre vor der Grünanlage »Björns Trädgård« vorbei, begab mich die Götgata – mit der Buchhandlung Hansson & Bruce – hinauf, schwenkte links in die Högbergsgata ein, und da stand jeden Wintermorgen ein Pferd und kaute Stroh aus einem Beutel. Ein Brauereipferd, ein großer dampfender Ardenner. Für einen Augenblick geriet ich in seinen Dunstkreis, und die Erinnerung an das geduldige Tier und wie es in feuchter Kälte roch, ist noch immer sehr lebendig. Ein Geruch, der zugleich übelkeiterregend und tröstlich war.

Ungefähr dann, wenn die Klingeln zur Morgenandacht schellten, stürmte ich auf den Schulhof. Ich kam fast niemals zu spät, zwischen sieben und acht Uhr morgens stimmte der Zeitplan genau. Die Feder war hart gespannt auf den Tag hin.

Das Ende des Schultages war natürlich entspannter und weniger genau geregelt. Bisweilen brachte ich Palle nach Hause. Mein engster Freund während des ersten Schuljahres war nämlich Palle. Er hatte einiges mit mir gemein: sein Vater – der zur See fuhr – war nicht da, und er war das einzige Kind einer netten Mutter, die sich darüber zu freuen schien, mich zu sehen. Genau wie ich hatte Palle eine Menge Einzelkindgewohnheiten entwickelt, er lebte seinen Interessen. Vor allem war er Sammler. Wovon? Von allem: von Bierdeckeln, Streichholzschachteletiketten, Degen, Feuersteinäxten, Briefmarken, Ansichtskarten, Schnecken, ethnographischem Krempel und Knochen.

In seinem von Sammlerobjekten überfluteten Zuhause duellierten wir uns mit Degen. Wir unternahmen zusammen Ausgrabungen an einem geheimen Ort auf Riddarholmen und förderten Skeletteile zutage, die mein Zahnarzt als »Teile eines Menschen« identifizierte.

Der Umgang mit Palle war bereichernd, aber allmählich entfernten wir uns voneinander. In den höheren Klassen des Gymnasiums fehlte Palle krankheitshalber mehrmals lange. Als er in eine andere Klasse versetzt wurde, riß der Kontakt ab. Mein alter Freund war sehr weit weg. In Wahrheit war Palle vom Tode gezeichnet. Er zeigte sich jetzt nur gelegentlich in der Schule, bleich und ernst, das eine Bein amputiert. Als er starb, konnte ich mit dieser Tatsache überhaupt nicht fertig werden. Ich bekam ein schlechtes Gewissen, weigerte mich aber, es mir einzugestehen. Es war, als müßte ich die Erinnerung an all den Spaß, den wir gehabt hatten, verdrängen.

Palle, der vor fünfundvierzig Jahren gestorben ist, ohne erwachsen zu werden – ihm fühle ich mich gleichaltrig. Aber meine alten Lehrer, die »Greise«, wie sie allesamt genannt wurden, sie bleiben in der Erinnerung Greise, obwohl die älteren unter ihnen genau in dem Alter waren, wie ich jetzt bin, da ich dies schreibe. Man fühlt sich immer jünger, als man ist. In mir trage ich meine früheren Gesichter, wie ein Baum seine Jahresringe hat. Die Summe daraus ist das, was »ich« ist. Der Spiegel sieht nur mein letztes Gesicht, ich spüre all meine früheren.

Die Lehrer, die in der Erinnerung den größten Raum einnehmen, sind natürlich diejenigen, die Hochspannung erzeugten, die einprägsamen farbigen Originale. In der Mehrzahl waren sie nicht, aber es waren viele. Bei einigen gab es eine Tragik, die auch wir ahnen konnten.

Eine Notlage, die so aussah: Ich weiß, daß ich von diesen beneidenswerten Kohlköpfen, die ich vor mir habe, nicht geliebt werden kann; ich weiß, daß ich nicht geliebt werden kann, aber ich will wenigstens dafür sorgen, daß ich unvergeßlich bleibe!

Das Klassenzimmer war ein Theater. Auf die Bühne trat der Hauptdarsteller, der Lehrer, gnadenlos kritisiert. Die Schüler waren das Publikum und manchmal – der und jener – Mitspieler im Drama.

Ständig mußte man auf der Hut sein. An die immer wiederkehrenden Aggressionsausfälle hatte ich mich zu gewöhnen. Die Lehrerin in der Volksschule hatte dafür den Boden bereitet – sie war streng und hart gewesen. Aber kein richtiger Theatermensch. Zu Hause waren für mich keine Belehrungen zu holen. Auftritte fanden dort kaum statt, keine Szenen, keine brüllende Vatergestalt. Mutter war spontan, aber undramatisch. Jähzorn zu zeigen war kindisch. Ich, der ich während meiner Kindheit so böse gewesen war, ich war jetzt ein recht beherrschter Junge. Meine Ideale waren englisch – *a stiff upper lip.* Wutausbrüche waren Sache der Achsenmächte.

In der Schule gab es cholerische Stars, die den größeren Teil einer Stunde darauf verwenden konnten, einen Turm aus hysterischer Empörung zu errichten, nur um von dort aus die Schalen ihres Zornes auszugießen.

Mein Klassenlehrer Målle war gewißlich kein Star. Aber er war das Opfer eines regelmäßig wiederkehrenden unbändigen Zorns. Målle war eigentlich ein charmanter Mensch und während seiner harmonischen Phasen ein guter Pädagoge. Betrüblicherweise aber erinnere ich mich am besten an seinen Zorn. Es mag sein, daß die großen Ausbrüche nicht häufiger als drei-, viermal im Monat stattfanden. Aber seine Autorität beruhte letztlich auf ebendiesen Stunden.

In solchen Schulstunden wogte das Gewitter hin und her über die Landschaft. Daß es einschlagen würde, wußte man, doch nicht, wo. Målle hatte keine Prügelknaben. Er war »streng, aber gerecht«. Es konnte jeden treffen.

Eines Tages schlug der Blitz bei mir ein. Wir sollten die deutsche Grammatik aufschlagen. Ich fand das Buch nicht. Lag es noch in der Schultasche? Hatte ich es zu Hause vergessen? Wie auch immer, es klappte nicht. Ich fand das Buch nicht.

»Steh auf!«

Ich sah Målle vom Katheder heruntertänzeln und näher kommen. Wie wenn man auf einem Feld steht und einen Stier auf sich zukommen sieht.

Jetzt prasselten die Ohrfeigen los. Ich taumelte hin und her. Im nächsten Augenblick saß Målle wieder auf dem Katheder und schrieb, vor Wut noch schäumend, einen

Rügenwisch für die Familie. Er war vage formuliert; da stand, ich hätte mich der »Nachlässigkeit in der Stunde« schuldig gemacht oder dergleichen.
Die Hoffnung vieler Lehrer war, daß schriftliche Rügen dieser Art im Elternhaus zu gerichtlichen Verhören und abermaliger Bestrafung führen würden.
So war es bei uns ja nicht. Mutter hörte sich meine Geschichte an, bekam den Rügenwisch ausgehändigt und unterschrieb. Sie bemerkte aber auch, daß ich von der beringten Hand des Pädagogen ein paar blaue Flecken im Gesicht hatte. Darauf reagierte sie unerwartet heftig. Sie sagte, sie wolle mit der Schule Verbindung aufnehmen, vielleicht sogar den Direktor anrufen.
Da protestierte ich. Das durfte nicht geschehen! Alles war doch gutgegangen. Aber jetzt drohte der Skandal. Ich würde als Muttersöhnchen eingestuft und in alle Ewigkeit nicht nur von Målle, sondern vom ganzen Lehrkörper verfolgt werden.
Selbstverständlich ließ sie es bleiben. Und während meiner gesamten Schulzeit bemühte ich mich, die Welt der Schule und die des Zuhause getrennt zu halten. Entstünde zwischen den beiden erst einmal ein Leck, würde das Zuhause beschmutzt werden. Ich hätte dann keinen richtigen Zufluchtsort mehr gehabt. Noch heute verspüre ich Unbehagen, wenn ich den Ausdruck »Zusam-

menarbeit zwischen Elternhaus und Schule« höre. Ich erkenne auch, daß dieses Getrennthalten der beiden Welten bei mir weiterführte zu einer prinzipielleren Trennung zwischen Privatleben und Gesellschaft. (Mit rechtem oder linkem Denken hat das nichts zu tun.) Was man in der Schule erlebt, wird zu einem Bild der Gesellschaft projiziert. Meine gesamte Erfahrung mit der Schule war gemischt, aber doch mehr dunkel als hell. So ist auch mein Bild von der Gesellschaft geworden. (Aber was meint man eigentlich mit »Gesellschaft«?)

Der Kontakt zwischen Lehrer und Schüler war bedrängend persönlich, wichtige Züge der Persönlichkeit wurden in der Atmosphäre des Klassenzimmers mit den vielen aufgeladenen Situationen vergrößert. Persönlich, ja, aber nicht einen Hauch privat. Wir wußten fast nichts über das Privatleben unserer Lehrer, obwohl die meisten in den Vierteln um die Schule wohnten. Zwar gingen Gerüchte um – zum Beispiel, daß Målle in seiner Jugend Boxer im Federgewicht gewesen sei –, aber sie waren schwach belegt, man glaubte eigentlich nicht daran. Verläßliche Fakten hatten wir über zwei der zurückhaltendsten Lehrer, die nie etwas Dramatisches inszenierten. Über den einen, daß er arm war und sich dadurch etwas dazuverdiente, daß er abends in einem Lokal Klavier spielte. Er war beobachtet worden. Über den anderen, daß er Schachmeister war. Das hatte in der Zeitung gestanden.

Eines Herbsttages erschien Målle zum Unterricht mit einem Frauentäubling in der Hand. Er legte den Pilz auf das Katheder. Befreiend und schockierend – man hatte einen Schimmer von seinem Privatleben erhascht! Målle sammelte also Pilze.

Kein Lehrer äußerte politische Ansichten. Aber in der damaligen Zeit herrschten im Lehrerzimmer unerhörte Spannungen. Der Zweite Weltkrieg wurde auch dort ausgetragen. Sehr viele Lehrer waren überzeugte Nazis. Einer von ihnen soll noch 1944 – im Lehrerzimmer – ausgerufen haben: »Wenn Hitler fällt, dann falle ICH.« Das tat er freilich nicht. Ich bekam ihn während der letzten drei Klassen in Deutsch. Er erholte sich so weit, daß er 1946 Hermann Hesses Nobelpreis für Literatur mit Triumphgebrüll begrüßen konnte.

Ich war ein braver Schüler, aber keiner der besten. Biologie hätte mein Lieblingsfach sein müssen. Aber darin hatte ich die meiste Zeit auf dem Gymnasium einen allzu eigenartigen Lehrer. Er hatte sich einmal hoffnungslos vergangen, war verwarnt worden und war seitdem ein erloschener Vulkan. Meine besten Fächer waren Geographie und Geschichte. Darin hatte ich Studienassessor Brännman, rötlich, energisch, ein jüngerer Mann mit glattem hellem Haar, das dazu neigte, abzustehen, wenn er böse wurde, was recht oft geschah. Er war voll guten Willens, ich mochte ihn. Die Aufsätze schrieb ich über Themen aus Geographie und Geschichte. Es wurden lange Aufsätze. Darüber bekam ich später von einem anderen Södra Latiner, von Bo Grandien*, eine Geschichte zu hören. Bo wurde während der letzten Schuljahre ein enger Freund von mir, aber vor der mittleren Reife hatten wir einander nicht gekannt.

Bo erzählte, das erstemal habe er über mich sprechen hören, als er in einer Pause an ein paar meiner Klassenkameraden vorbeikam. Sie hatten gerade schriftliche Arbeiten zurückbekommen und waren unzufrieden mit den Zensuren. Bo hörte die gereizte Replik:

»Schließlich können ja nicht alle SO SCHNELL schreiben wie Trana**!«

Bo entschied, »Trana« sei ein abscheulicher Kerl, dem man aus dem Weg gehen müsse. Für mich ist diese Geschichte in gewisser Weise tröstlich. Jetzt für mangelnde Produktivität bekannt, galt ich damals offenbar als Vielschreiber, als einer, der durch allzu große Produktivität sündigt, ein Stachanow der Worte.

* Bo Grandien, geb. 1932, Lyriker und Journalist (A. d. Ü.)

** *trana* (schwedisch): Kranich (A. d. Ü.)

Exorzismus

IN DEM WINTER, als ich fünfzehn Jahre alt war, wurde ich von einer großen Angst befallen. Ich wurde von einem Scheinwerfer eingefangen, der Dunkel ausstrahlte statt Licht. Jeden Nachmittag, wenn es zu dämmern begann, wurde ich eingefangen, und die Angst lockerte ihren Griff erst, wenn es am folgenden Morgen tagte. Ich schlief sehr wenig; ich saß aufrecht im Bett, gewöhnlich mit einem dicken Buch vor mir; ich las in jener Zeit mehrere dicke Bücher, aber eigentlich kann ich nicht sagen, daß ich sie las, weil nichts im Gedächtnis haftenblieb. Die Bücher waren ein Vorwand, die Lampe brennen zu lassen.

Im Spätherbst fing es an. Eines Abends war ich im Kino gewesen und hatte »Vergeudete Tage« gesehen, einen Film über einen Alkoholiker. Der endet im Delirium – eine erschütternde Sequenz, die ich heute vielleicht kindlich fände. Aber damals ...

Als ich mich zum Schlafen hingelegt hatte, spielte ich mir im Geiste den Film vor, wie man es nach Kinobesuchen zu tun pflegt.

Plötzlich verdichtete sich die Atmosphäre im Zimmer vor Entsetzen. Etwas nahm ganz von mir Besitz. Unerwartet fing mein Körper zu zucken an, am heftigsten die Beine. Ich war ein mechanisches Spielzeug, das aufgezogen worden war und jetzt hilflos zuckte und zappelte.

Es waren Krämpfe gänzlich außerhalb der Kontrolle durch den Willen. Nie war mir etwas Ähnliches widerfahren. Ich schrie nach Hilfe, und Mutter kam ins Zimmer. Allmählich verebbten die Krämpfe. Sie kamen auch nicht wieder. Aber das Entsetzen vertiefte sich und wurde zwischen Abenddämmerung und Morgengrauen ein ständiger Begleiter. Das Gefühl, das während der Nächte herrschte, war jenes Entsetzen, dem Fritz Lang in einigen Szenen von »Das Testament des Dr. Mabuse« nahegekommen ist, vor allem in der Anfangsszene – eine Druckerei, wo sich jemand versteckt, während die Maschinen laufen und alles bebt – ich erkannte mich unmittelbar wieder. Aber in meinen Nächten war es stiller. Die wichtigste Dimension im Dasein war Krankheit. Die Welt war ein riesiges Krankenhaus. Vor mir sah ich an Körper und Seele entstellte Menschen. Die Lampe brannte und versuchte, die schrecklichen Gesichter fernzuhalten, bisweilen aber döste ich ein, die Augenlider sanken nieder, und die schrecklichen Gesichter waren plötzlich dicht bei mir.

Es war still, aber die ganze Zeit arbeiteten Stimmen in der Stille. Das Tapetenmuster schnitt Fratzen. Ab und zu wurde die Stille von einem Knacken in den Wänden durchbrochen. Hervorgerufen wovon? Von wem? Von mir selbst? Es pochte in der Wand, weil meine kranken

Gedanken es wollten! Um so schlimmer ... War ich geisteskrank? Auf der Grenze.

Ich hatte Angst, in Wahnsinn zu verfallen, im übrigen aber fühlte ich mich nicht persönlich durch eine Krankheit bedroht – es war kein Fall von Hypochondrie –, nein, die totale *Krankheitsherrschaft* rief das Grauen hervor. Wie in einem Film, wo ein harmloses Wohnungsinterieur seinen Charakter völlig verändert, wenn dazu eine angsterregende Filmmusik gespielt wird, so erlebte ich jetzt die Außenwelt auf eine neue Weise, weil das Bewußtsein der *Krankheitsherrschaft* da war. Einige Jahre vorher hatte ich Entdeckungsreisender werden wollen. Jetzt war ich in ein unbekanntes Land eingedrungen, wohin ich nie hatte kommen wollen. Ich hatte eine böse Macht entdeckt. Oder richtiger gesagt: die böse Macht hatte mich entdeckt.

(Neulich las ich von einigen Teenagern, die jegliche Lebensfreude verloren hatten, weil sie von der Vorstellung besessen waren, Aids habe die Weltherrschaft. Die hätten mich verstanden.)

An jenem Spätherbstabend zu Beginn der Krise war Mutter ja Zeugin der Krämpfe gewesen. In der Folge aber mußte sie herausgehalten werden. Alle mußten herausgehalten werden; was vor sich ging, war viel zu schlimm, als daß man darüber hätte sprechen können. Ich war von Gespenstern umgeben. Ich war auch selber ein Gespenst. Dieses Gespenst ging jeden Morgen zur Schule und saß in den Stunden da, ohne sein Geheimnis zu enthüllen. Die Schule war eine Atempause geworden; nicht dieselbe Angst dort. Heimgesucht war das private Leben. So war alles auf den Kopf gestellt.

Damals war ich mißtrauisch gegen jegliche Religion, und Gebete sprach ich nicht. Wäre die Krise ein paar Jahre später eingetreten, so hätte ich sie als eine Art Offenbarung erleben können, als etwas, das mich aufwecken sollte, etwas wie die vier Begegnungen Siddharthas (mit einem Greis, einem Kranken, einer Leiche und einem Bettelmönch). Ich hätte für die entstellten Kranken, die im nächtlichen Bewußtsein auftauchten, etwas mehr Mitgefühl empfinden können und etwas weniger Entsetzen vor ihnen haben müssen. Aber wenn die Angst aktuell war, standen keine religiös getönten Erklärungen zu Gebote. Keine Gebete, aber Versuche der Teufelsaustreibung durch Musik. Um jene Zeit fing ich ernstlich an, auf das Klavier zu hämmern.

Und die ganze Zeit wuchs ich. Zu Beginn des Herbsthalbjahres war ich einer der Kleinsten in der Klasse gewesen, am Ende des Frühjahrs war ich einer der Größten. Als wäre die Angst, in der ich lebte, ein Düngemittel gewesen, das die Pflanze in die Höhe trieb.

Der Winter ging seinem Ende entgegen, und die Tage wurden länger. Jetzt trat das Wundersame ein, daß auch das Dunkel in meinem eigenen Leben sich zurückzog. Das ging stufenweise; es dauerte, bis ich mir dessen vollauf bewußt wurde. An einem Frühlingsabend entdeckte ich, daß die Angst eine Randerscheinung geworden war. Ich saß mit ein paar Freunden zusammen und philosophierte (und rauchte Zigarre); es war Zeit, durch die helle Frühlingsnacht nach Hause zu gehen, und ich hatte überhaupt nicht das Gefühl, als erwartete mich dort etwas Grauenerregendes.

Dennoch ist das etwas, woran ich teilgehabt habe. Vielleicht meine wichtigste Erfahrung. Aber sie nahm ein Ende. Ich glaubte, es sei das Inferno, aber es war das Purgatorium.

Latein

Im Herbst 1946 kam ich in die erste der drei Abschlußklassen mit Latein. Ich bekam durchweg neue Lehrer. Statt Målle, Satan, Slöman und anderer kamen jetzt solche wie Fjalar, Fido, Lillan, Moster und Bocken. Der letztgenannte – »der Bock« – war der wichtigste. Er war Klassenlehrer und sollte mich mehr beeinflussen, als ich zu der Zeit, da ich mich mit ihm anlegte, zugegeben hätte. Ein knappes Jahr bevor er mein Lehrer wurde, hatten wir für einen Augenblick einen dramatischen Kontakt miteinander gehabt. Ich war spät dran und lief durch einen der Schulflure. Von der anderen Seite stürmte ein anderer Junge heran, einer, der in eine Parallelklasse ging. Es war G., ein bekannter Angeber. Direkt voreinander bremsten wir jählings ab, ohne dem Zusammenprall ganz ausweichen zu können. Ein so jähes Abbremsen hat viel Aggressives an sich, und wir waren allein im Flur. G. ergriff die Gelegenheit und schlug zu. Seine Rechte fuhr mir hart in die Magengrube. Mir wurde schwarz vor Augen, und ich sank zu Boden; ich fiel in Ohnmacht wie ein Fräulein in einem Roman aus dem 19. Jahrhundert. G. verschwand.

Als das Dunkel sich verzog, blickte ich zu einer Gestalt auf, die über mich gebeugt stand. Eine gedehnt klagende, singende Stimme wiederholte fast verzweifelt: »Wie geht's? Wie geht's?« Ich sah ein rosiges Gesicht und einen

äußerst gepflegten schlohweißen Bart. Der Gesichtsausdruck war besorgt.
Diese Stimme, dieses Gesicht gehörten dem Lektor für Latein und Griechisch, Per Vennström, auch Pelle Vänster oder »der Bock« genannt.
Zum Glück unterzog er mich keinem Verhör, sondern schien zufrieden, als er sah, daß ich auf eigenen Beinen davongehen konnte. Da er ehrlich besorgt und fast hilfsbereit ausgesehen hatte, setzte sich bei mir das Gefühl fest, der »Bock« sei ein zuinnerst gutartiger Mensch. Etwas davon blieb auch noch erhalten, als wir später miteinander in Konflikt gerieten.
Das Äußere des Bocks war elegant und recht theatralisch. Zu dem weißen Bart trug er für gewöhnlich einen breitkrempigen dunklen Hut und einen kurzen Umhang. Ein Minimum an Überkleidung im Winter. Leicht stellten sich Assoziationen zu Dracula ein. Von weitem wirkte er souverän und dekorativ, aus der Nähe hatte sein Gesicht häufig etwas Hilfloses.
Der halb singende Tonfall, der ihn kennzeichnete, war eine persönliche Weiterentwicklung des gotländischen Idioms.
Der Bock litt an einer chronischen Gelenkkrankheit und humpelte schwer. Bewegte sich aber dennoch schnell. Immer hielt er einen dramatischen Einzug ins Klassen-

zimmer, die Mappe wurde aufs Katheder geworfen, und schon nach wenigen Sekunden stand fest, ob seine Laune gut oder schlecht war. Offenbar wurde sein Übel von der Witterung beeinflußt. An kühlen klaren Tagen waren die Stunden ganz gemütlich. Bei Tiefdruck und trübem Wetter schlichen sie in dumpfer gereizter Stimmung mit unvermeidlichen Zornausbrüchen dahin.
Er gehörte zu der Sorte Menschen, die in einer anderen Berufsrolle als der des Lehrers unvorstellbar ist. Man könnte geradezu sagen, daß es unmöglich war, sich ihn als etwas anderes denn als Lateinlehrer vorzustellen.
Während des vorletzten Schuljahrs kam ich mit dem Schreiben meiner eigenen modernistischen Lyrik in Gang. Gleichzeitig zog es mich zu älterer Lyrik, und als die Lateinstunden von den historischen Texten über Kriege, Senatoren und Konsuln zu Versen von Catull und Horaz übergingen, da glitt ich willig in die Welt der Dichtung hinein, wo der Bock präsidierte.
Das Durchackern der Verse war lehrreich. Es ging folgendermaßen zu. Der Schüler mußte erst eine Strophe vorlesen, zum Beispiel von Horaz:

»Aequam memento rebus in arduis
servare mentem, non secus in bonis
  ab insolenti temperatam
    laetitia, moriture Delli ...«

»Übersetzen«, rief der Bock.

»Mit ausgeglichenem Gemüt ... öh ... denk daran, mit ausgeglichenem Gemüt ... nein ... Gleichmut ... in widrigen Verhältnissen ein ausgeglichenes Gemüt zu bewahren, und nicht anders ... hm ... nein, und gleichfalls in gut ... guten Verhältnissen ... äh ... dich vor übertriebener ... hm ... lebhafter Freude zu hüten, sterblicher Dellius ...«

Jetzt war der aus sich selbst leuchtende römische Text wirklich auf die Erde heruntergeholt worden. Aber im nächsten Augenblick, bei der nächsten Strophe, kam Horaz mit der wundervollen Präzision der Verse wieder. In diesem Wechselspiel zwischen dem Klapprig-Trivialen und dem Federnd-Sublimen lernte ich eine Menge. Es waren die Bedingungen der Poesie. Es waren die Bedingungen des Lebens. Durch die Form (DIE FORM!) konnte etwas angehoben werden. Die Raupenfüße waren weg, die Flügel entfalteten sich. Man durfte die Hoffnung nicht verlieren!

Leider begriff der Bock nicht, daß die klassischen Verse mich fesselten. Für ihn war ich ein friedlich-provokativer Jüngling, der in der Schulzeitung unverständliche Gedichte im Stil der vierziger Jahre veröffentlichte – das war im Herbst 1948. Als er meine Produkte sah, mit ihren durchgehend kleinen Buchstaben und dem Fehlen von Satzzeichen, war er empört. Ich gehörte zur vordringenden Barbarei. So einer mußte für Horaz unempfänglich sein.

Sein Bild von mir verfinsterte sich noch mehr während einer Stunde, als wir einen Text in mittelalterlichem Latein über das Leben im 13. Jahrhundert durchnahmen. Es war ein trüber Tag, der Bock litt, und die Wut lag auf der Lauer. Plötzlich wurde die Frage herausgeschleudert, wer Erik Läspe och Halte war – der wurde in dem Text erwähnt. Ich antwortete, das sei der Gründer von Grönköping*. Das war eine reflexartige Reaktion zur Entlastung der gedrückten Stimmung.

Jetzt wurde der Bock nicht nur für den Augenblick böse; in diesem Halbjahr erhielt ich eine »Verwarnung« in Latein. Das war eine kurzgefaßte schriftliche Mitteilung an die Eltern, daß der Schüler das Fach vernachlässige. Da ich in den schriftlichen Lateinarbeiten gute Zensuren bekommen hatte, mußte ich den Verwarnungswisch eher auf das Leben im allgemeinen als auf den Lateinunterricht beziehen.

* Grönköping ist das schwedische Krähwinkel, dem satirischen Wochenblatt »Grönköpings Veckoblad« zufolge eine Gründung des Königs Erik Eriksson (1216–1250) mit dem Beinamen der Lispler und Humpler; schwedisch: Läspe och Halte. (A. d. Ü.)

In der Abschlußklasse des Gymnasiums wurden unsere Beziehungen sehr viel besser. Kurz vor dem Abitur waren sie herzlich.

Etwa damals begannen zwei horazische Strophenformen, die sapphische und die alkäische, in mein eigenes Schreiben einzudringen. Im Sommer nach dem Abitur schrieb ich zwei Gedichte in sapphischem Metrum. Das eine war »Ode an Thoreau« – später verschlankt zu »Fünf Strophen an Thoreau«, nachdem ich die jugendlichsten Teile gestrichen hatte. Das andere Gedicht war »Sturm« in dem Zyklus »Herbstliche Schären«. Ich weiß nicht, ob der Bock jemals zur Kenntnis genommen hat, was ich schrieb, als schließlich mein erstes Buch erschien.

Klassische Versmaße. Wie war ich auf die Idee gekommen? Sie hatte sich einfach eingestellt. Ich betrachtete ja Horaz als einen Zeitgenossen. Er war wie René Char, Oskar Loerke oder Einar Malm. Es war so naiv, daß es schon *sophisticated* war.

Tomas Tranströmer, 1931 in Stockholm geboren und 2015 ebenda gestorben, arbeitete nach seinem Studium der Psychologie, Literatur und Geschichte mehrere Jahre an der Universität und als Psychologe in einer Jugendstrafanstalt. 1954 debütierte er dreiundzwanzigjährig mit dem Gedichtband 17 *dikter* (17 Gedichte). Neben vielen internationalen Preisen erhielt er 1981 den Petrarca-Preis, 2011 wurde sein Werk mit dem Nobelpreis für Literatur ausgezeichnet. Bei Hanser erschien zuletzt 2018 das letzte Buch des Schriftstellers: *Randgebiete der Arbeit.*

Hanns Grössel, 1932 in Leipzig geboren und 2012 in Köln gestorben, war ein deutscher Übersetzer und Literaturredakteur beim *Westdeutschen Rundfunk.* Er übertrug u. a. Werke von Inger Christensen, Lars Gustafsson, Peter Adolphsen und Tomas Tranströmer.